Poèmes de Maurice Carême

À Thierry, JFM

Avec l'aide d'Anne Gasser, conseillère pédagogique.

Couleurs : Suzanne Côté

3, rue Bayard, 75008 Paris

ISBN : 2-7470-1528-9
Dépôt légal : septembre 2005
Loi 49-956 du 16 juillet 1949 sur les publications destinées à la jeunesse.

Imprimé en France par Pollina s.a., 85400 Luçon - L96831

Poèmes de Maurice Carême

Une anthologie
illustrée par
Jean-François Martin

proposée par
Benoit Marchon

BAYARD JEUNESSE

Petite biographie de Maurice Carême

Maurice Carême est né le 12 mai 1899 à Wavre, une ville de Belgique. Son père est peintre en bâtiment, sa mère tient un petit magasin d'alimentation. Avec son frère et sa sœur, il passe une enfance heureuse au contact de la nature et des animaux, dont il parlera souvent dans son œuvre. Il va à l'école à Wavre, puis à Tirlemont. À 15 ans, par amour pour une fille de son âge, il commence à écrire des poèmes. Un de ses professeurs l'encourage et lui fait découvrir la poésie française contemporaine.

En septembre 1918, Maurice Carême est nommé instituteur à Anderlecht, dans la banlieue de Bruxelles, la capitale de la Belgique, où il s'installe. À 26 ans, il publie son premier recueil de poèmes, « 63 illustrations pour un jeu de l'oie ».

En 1930, il découvre avec enthousiasme la poésie écrite par les enfants. Cela change complètement sa façon d'écrire : il retrouve alors cette simplicité et cet esprit d'enfance qui étaient en lui.

En 1943, Maurice Carême abandonne son métier d'instituteur pour se consacrer uniquement à l'écriture. Il publie régulièrement des recueils de poésies, de contes et de nouvelles, ainsi que quelques romans. Il reçoit de nombreux prix, dont le Grand prix international de poésie (1968). Il est nommé « Prince en poésie » à Paris en 1972. Il meurt à 78 ans, le 13 janvier 1978 à Anderlecht.

Aujourd'hui, la fondation Maurice-Carême, qu'il avait créée en 1975, s'attache à faire connaître ses œuvres dans le monde entier. Elle est dirigée par Jeannine Burny.

PREFaCE

Il n'y a rien de plus simple qu'un poème de Maurice Carême : on le lit, et tout de suite on sourit, on rit, on s'étonne, on est ému, on est triste... C'est si simple que tout le monde comprend, même les enfants !

Pour beaucoup de poètes, il est difficile d'écrire simplement. Ils doivent longuement tourner les mots dans leur tête pour éliminer les trop compliqués, rechercher des images qui feront un petit déclic poétique, laisser mûrir les phrases pour qu'elles jouent une musique facile à retenir.
Ce n'est pas le cas pour Maurice Carême ! Chez lui, la simplicité jaillit au fil de son inspiration, elle naît naturellement, comme une source.
Maurice Carême a ainsi écrit jusqu'à plus de dix poèmes par jour, et donc plusieurs milliers tout au long de sa longue vie. Nous en avons choisi soixante-dix parmi les plus beaux. Certains sont très connus, d'autres beaucoup moins. Certains sont pleins de bonheur, d'autres infiniment tristes. Certains sont vraiment drôles, d'autres étrangement bizarres ! Lisez-les dans l'ordre que vous voulez, choisissez-les selon votre humeur ou votre fantaisie, et partez en poésie comme on part en voyage dans le monde unique de Maurice Carême...

Benoit Marchon

SI SEUL

Pourquoi suis-je si seul, mon chat,
Si seul lorsque tu n'es pas là ?

Tu ne fais pourtant aucun bruit.
Tu dors, fermé comme la nuit.

Tu ne tiens guère plus de place
Que mon plus gros livre de classe.

Et qui croirait que tu respires
Bercé comme un petit navire ?

Alors pourquoi, pourquoi, mon chat,
Suis-je tout autre quand je vois,

Sur mon papier blanc, le soleil
Tailler l'ombre de tes oreilles ?

C A T

ETaiT-CE BiEN

Était-ce bien un éléphant
Qui dansait sur la cheminée ?
Il était un peu transparent
Et ne semblait guère plus grand
Qu'une volute de fumée.

Mais peut-être, au fond, fumait-il
Calmement à minces bouffées
En dansant sur la cheminée.
Je ne voyais que de profil
Sa trompe mince comme un fil.

Et il aurait tout renversé
Si je n'avais imaginé
De dessiner un grand dompteur
Qui n'eut qu'à relever le nez
Pour l'envoyer danser ailleurs.

UN ELEPHANT...

Je suis content

Vienne la pluie, vienne le vent,
Qu'importe ! moi je suis content,

Content d'être toujours content
Du bon temps et du mauvais temps,

Content de vivre simplement,
De me dire comme un enfant :

« Mon Dieu ! comme je suis content ! »
Sans savoir pourquoi maintenant

Je le répète si souvent.

LE MOT

Un mot, un seul, nous disait-il…
Et tous cherchaient à deviner
Ce mot qui devait leur ouvrir
Les portes d'or de l'avenir,
Ce mot que Dieu tenait secret
Dans on ne sait quel lourd coffret,
Ce mot-clé sur lequel jamais
Deux personnes ne s'accordaient.

Pourquoi les rats, pourquoi les mouches,
Pourquoi le pain, pourquoi le sel,
Pourquoi ces orages farouches,
Pourquoi le pré, pourquoi le ciel ?

Pourquoi la vie, pourquoi la mort,
Pourquoi le bien, pourquoi le mal,
Pourquoi cet enfant qui crie fort,
Ce vieux aux mains originales ?

Pourquoi hier, pourquoi demain,
Pourquoi les gueux, pourquoi les rois,
Pourquoi suis-je moi et pas toi,
Pourquoi Dieu, le diable et son train ?

Oh ! je pourrais continuer…
On le fait depuis tant de siècles !
Cependant, il pousse, le blé ;
Il s'acharne à parler, le bègue.

ET CEPENDANT...
Ce...
ce...
ce...
ce...

LA PORTE EN FEUILLES MORTES

Il s'aperçut que la porte
Était tout en feuilles mortes.

Il l'ouvrit sans hésiter.

Il entra dans un couloir
Où tout était triste et noir.

Il continua de marcher.

Il parvint dans une salle
Où l'attendait un cheval.

Il mit le pied dans l'étrier.

Et le cheval, au galop,
Fila plus vif que l'écho.

Et, quand il l'eut arrêté

Devant un vaste escalier,
Il s'aperçut que la porte

Où il allait frapper

Était tout en feuilles mortes.
Il l'ouvrit sans hésiter.

RIEN QUE CE MUR...

Rien que ce mur et ce chemin
Et, autour de moi, un matin
Qui a l'odeur dorée du pain.
L'ombre d'un oiseau sur le mur,
L'écho d'un pas sur le chemin.
Douceur faite de petits riens,
De mots caressants dont je doute.
Dans ce calme et tendre matin,
Rien que ce mur et ce chemin.

NE CRiEZ pas si FoRT

Ne criez pas si fort,
On n'entend plus que vous,
Cerisiers qui partout
Faites fleurir l'aurore.

Laissez donc les coucous
Compter leurs pièces d'or.
Ne criez pas si fort,
On n'entend plus que vous.

Même le vieux hibou,
Qui d'ordinaire dort
En haut du sycomore,
Vous croit devenus fous.
Cerisiers, taisez-vous !

Qui?

DEVINETTES POPULAIRES

– Qu'est-ce qui ne fait pas d'ombre ?
L'écho de la cloche ronde.

– Qui, sans peur, touche une abeille ?
La main dorée du soleil.

– Qui parle sans qu'on le voie ?
Le vent qui joue dans le bois.

– Qui marche toujours sans peine ?
La lanterne qu'on promène.

– Qui ne coud pas pour ses filles ?
La vaillante et fine aiguille.

– Qui passe et qu'on n'entend pas ?
Le temps qui fuit à grands pas.

– Qui n'a pas besoin d'échelle ?
La fumée qui monte au ciel.

– Qui jamais, jamais ne ment ?
Le petit doigt de maman.

LA GAZELLE

Née d'un songe flottant
– Depuis Dieu sait quel temps ! –
Elle est faite de gaze
Et de longs reflets d'ailes,
La petite gazelle.
Si la lionne la terrasse,
Elle abandonne à la clairière
Son corps luisant.
Redevenue légère
Comme un songe flottant
– Depuis Dieu sait quel temps ! –
Elle regagne la lumière
D'un bond éblouissant.

L'innocent du village

Il ne disait jamais rien,

Il n'entendait jamais rien,

Il ne lisait jamais rien,

Il n'écrivait jamais rien,

Ne pensait jamais à rien,

Bref, ne s'occupait de rien.

Il ne faisait que chanter

Des jours et des mois entiers

Et aller se promener

Dans le vent en liberté,

Et personne n'était plus sage.

C'était l'innocent du village.

si ♯
ré ♭♭
ut
Point de départ
mi ♯
fa
sol
la ♭♭
Branche des bemols.
Branche des dièses.
la ♯
si ♭
ré
mi ♭♭
ré ♯
mi ♭
la
si ♭♭
sol ♯
la ♭
mi
fa ♭
si
ut ♭
ersection
ol ♭
fa ♯
GOOFIE
lalala

REGARDEZ...

Regardez, dit-il, c'est un paquebot.
Tous regardèrent
Et dirent, c'est un paquebot.

Regardez mieux, dit-il, c'est un avion.
Tous répondirent
Que c'était bien là un avion.

Mais non, regardez mieux, c'est un nuage.
Tous, ils admirent
Qu'après tout, c'était un nuage.

Enfin, il s'écria : « Mais ce n'est rien ! »
Tous avouèrent
Qu'en effet, ils ne voyaient rien.

ceci est
un avion

Les choses

Les choses, disait-il, sont simples.
D'ailleurs, on ne voit pas comment
Elles pourraient être autrement.
La pomme est rouge ; le bol, blanc,
Le couteau coupe les tartines
Sur la table de la cuisine.
Vienne le jour où l'on pourra
Parler tout simplement de l'homme
Comme l'on parle d'une pomme
Luisant sur la table de hêtre.
Quelle paix enfin sur la terre !

JAMAIS TRANQUILLE

Je n'ai plus rien à faire…
Quand un petit derrière
– Tiens, mais c'est un lapin ! –
Sort de mon calepin
Et vient me chatouiller
En me riant au nez.

Enfin, voici le soir.
Je crois me laisser vivre.
Mais déjà, du miroir,
Un loup noir a bondi
Qu'il me faudra poursuivre
Tout au long de la nuit.

Les deux scarabées

Un scarabée montait la rue,
Un scarabée la descendait.

– Passez donc, Monsieur, s'il vous plaît,
Puisque vous descendez la rue.

– Après vous, Monsieur, s'il vous plaît,
La remonter est plus ardu.

Chacun, tenant son chapeau gris
Dans une main gantée de gris,

Voulait être le plus poli
Des scarabées nés dans la dune.

Ils s'étaient croisés à midi.
À minuit, madame la Lune

Les vit encor se souriant,
Se parlant et se saluant,

Chacun tenant son chapeau gris
Dans une main gantée de gris.

TU ÉCOUTES PLEUVOIR

Tu écoutes pleuvoir ainsi depuis des heures.
Tu ne penses à rien.
Tu écoutes la pluie ruisseler sur ton cœur
Comme sur les sapins.

Tu ne sais pas pourquoi tu n'es ni gai ni triste,
Ni pourquoi ce murmure
D'eau molle te laisse, le front contre la vitre,
Vide comme une armure.

Tu écoutes pleuvoir ainsi depuis des heures,
Mais es-tu bien certain
Que ce n'est que la pluie qui frappe sur ton cœur
Comme sur les sapins ?

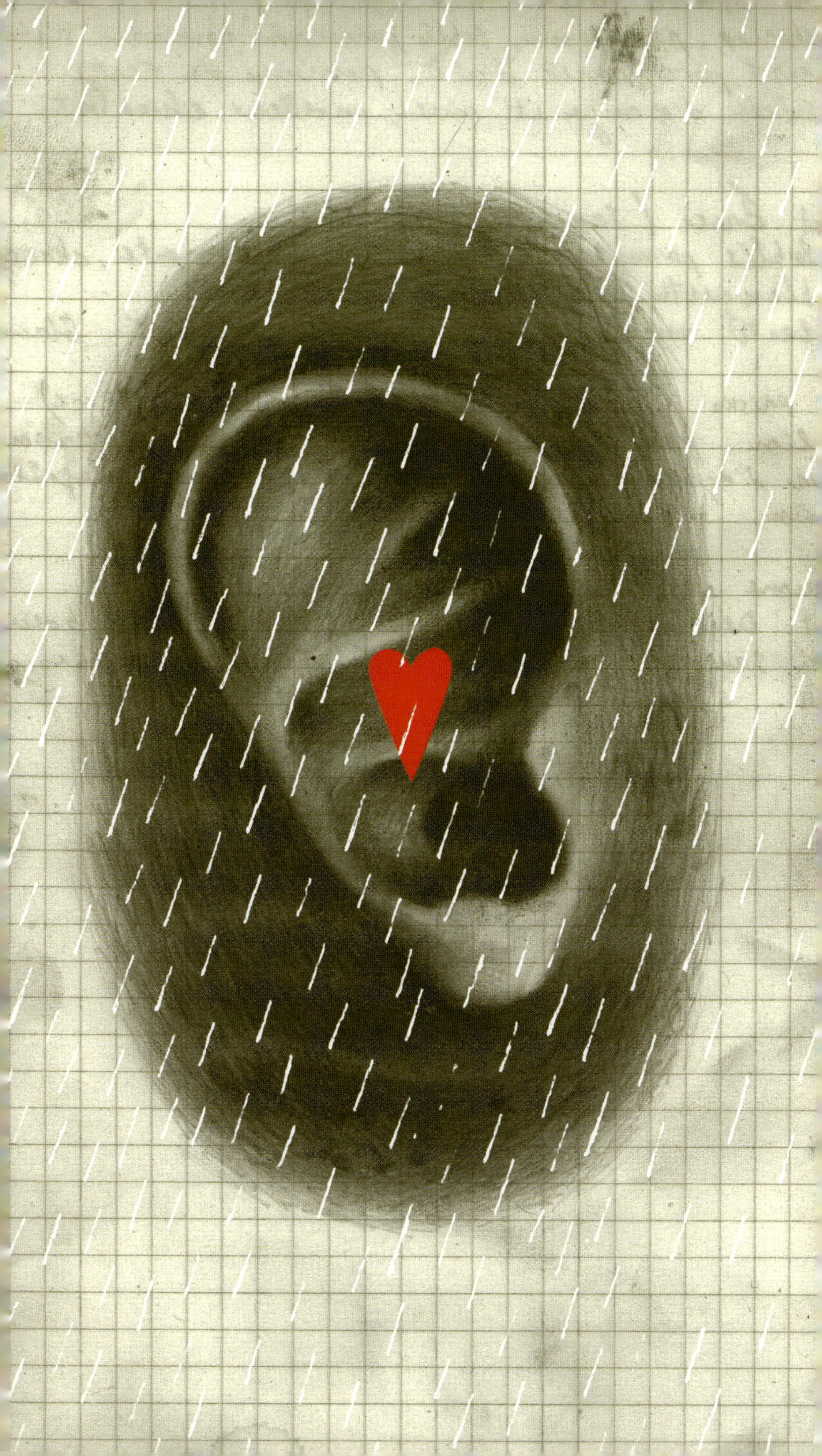

LE BONhEUR

C'était le bonheur
Qui courait dans l'herbe.
Nous l'avons tous pris
Pour une souris,
Une souris verte
Qui courait dans l'herbe.

Nous avons eu peur
Et, avec des cris,
Nous avons tous fui
En perdant nos fleurs ;
Nous avons tous fui
Devant le bonheur.

Et chacun depuis
Cherche dans son cœur
Cette souris verte
Qui courait dans l'herbe,
Cette souris verte
Qui trottine ailleurs.

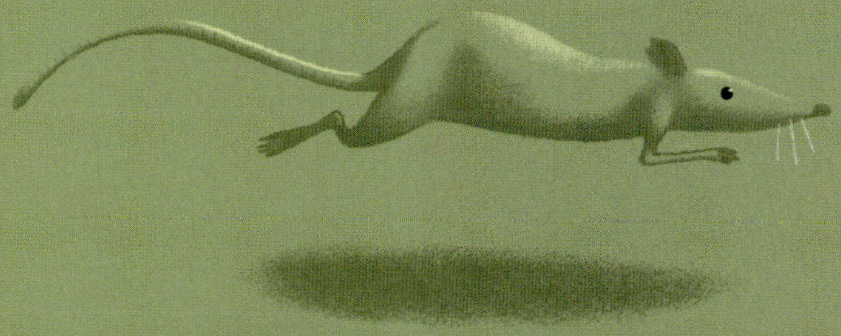

CE RIEN DE CIEL

Il y avait, sur la table, un gros pain ;
À côté du pain, un couteau
Et, près du couteau, une pomme.
Et, devant le pain, le couteau, la pomme,
    Il y avait un homme.
Tout cela, dites-vous, n'a rien
Que de banal et même d'enfantin.
Mais cet homme était peintre.
Il peignit donc une table, un gros pain,
À côté du pain, un couteau
Et, près du couteau, une pomme.
Et il y mit ce rien de ciel
Qui fait que tout est essentiel.

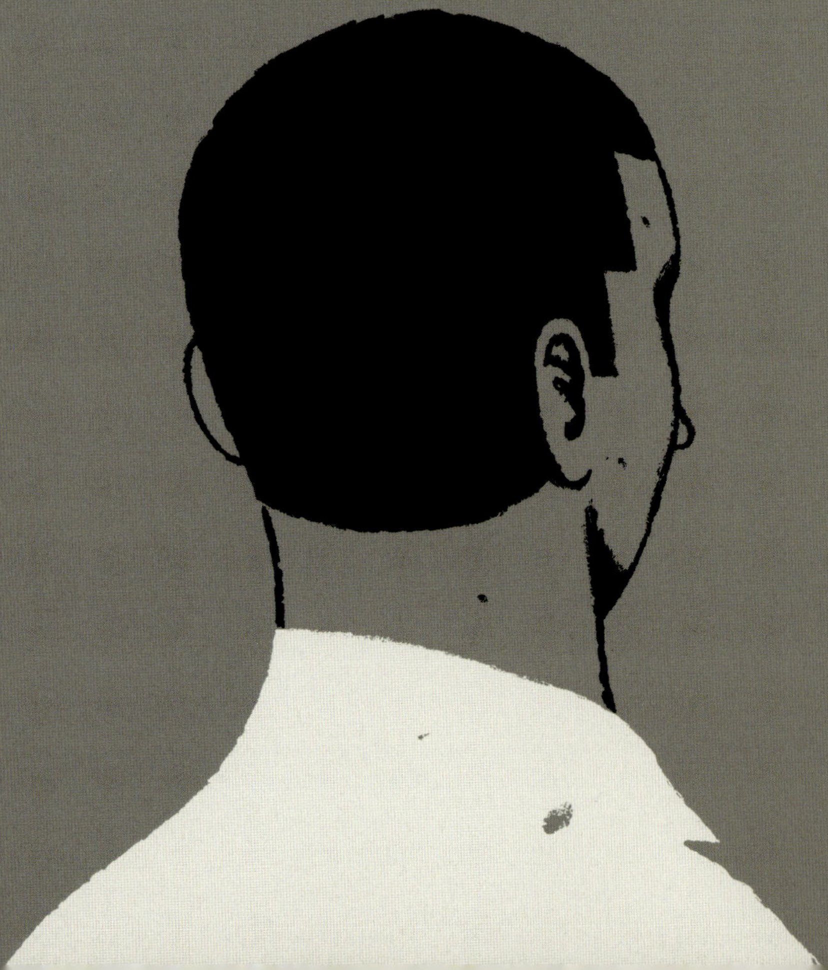

La Fenêtre

Elle est si jolie, la fenêtre,
Dans la lumière du printemps !
Elle est si jolie, la fenêtre
Où vient chanter l'oiseau du hêtre
Et fleurir le géranium blanc.

Qui dirait qu'à cette croisée
La fillette du menuisier
Est morte à l'aube en regardant
Chanter le bel oiseau du hêtre
Et fleurir le géranium blanc ?

L'HOMME

L'homme et l'oiseau se regardèrent.
– Pourquoi chantes-tu ? lui dit l'homme.
– Si je le savais, dit l'oiseau,
Je ne chanterais plus peut-être.

L'homme et le chevreuil se croisèrent.
– Pourquoi joues-tu ? demanda l'homme.
– Si je le savais, dit la bête,
Est-ce que je jouerais encore ?

L'homme et l'enfant se rencontrèrent.
– Pourquoi ris-tu ainsi ? dit l'homme.
– Si je le savais, dit l'enfant,
Est-ce que je rirais autant ?

Et l'homme s'en alla, pensif.
Il passa près du cimetière.
– Pourquoi penses-tu ? dit un if
Qui poussait dru dans la lumière.

Et, pas plus que l'oiseau dans l'ombre,
Que le chevreuil dans la clairière
Ou que l'enfant riant dans l'air,
L'homme ne put rien lui répondre.

agneau

étang

forêt

Pour mon PAPA

J'écris le mot *agneau*
Et tout devient frisé :
La feuille du bouleau,
La lumière des prés.

J'écris le mot *étang*
Et mes lèvres se mouillent ;
J'entends une grenouille
Rire au milieu des champs.

J'écris le mot *forêt*
Et le vent devient branche.
Un écureuil se penche
Et me parle en secret.

Mais si j'écris *papa*,
Tout me devient caresse,
Et le monde me berce
En chantant dans ses bras.

L'HOMME ET LE CHIEN

Il ne voyait rien, il ne cherchait rien,
Il se contentait d'avoir un grand chien

À qui il parlait, à qui il riait
Comme à un ami qui lui ressemblait.

À deux, ils formaient sûrement quelqu'un,
Quelqu'un de très bon, quelqu'un de très bien

Traversant la vie sans souci aucun,
Simplement content d'être très content,

De ne désirer rien d'autre vraiment
Que d'être ici-bas un homme et un chien.

LE CHAT ET LE SOLEIL

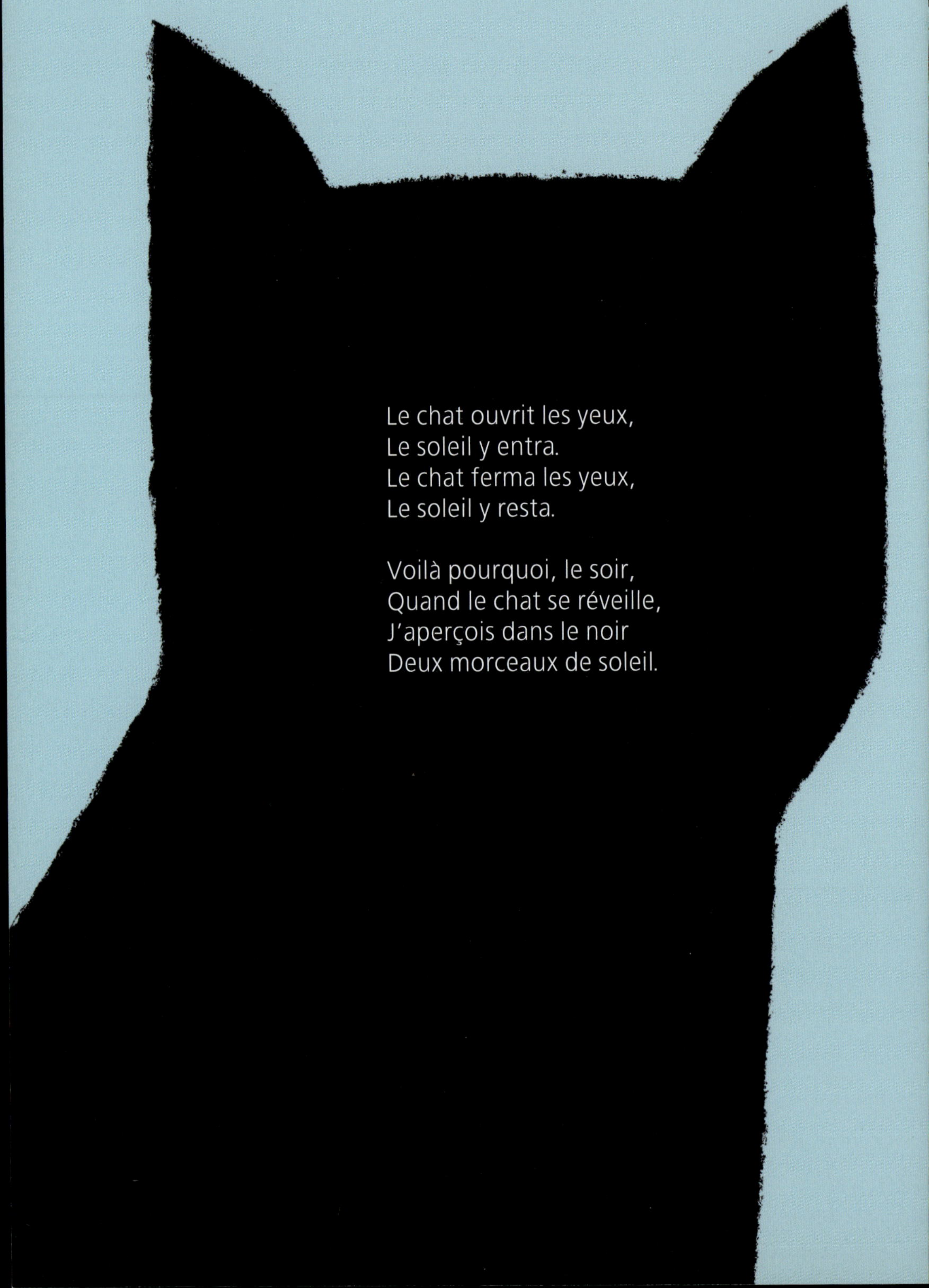

Le chat ouvrit les yeux,
Le soleil y entra.
Le chat ferma les yeux,
Le soleil y resta.

Voilà pourquoi, le soir,
Quand le chat se réveille,
J'aperçois dans le noir
Deux morceaux de soleil.

IL CHERCHA DIEU

Il chercha Dieu sur terre,
Le chercha dans la mer,

La lune, Vénus, Mars,
Le soleil, les étoiles,

Le chercha, étonné
De ne pas le trouver,

Sans jamais deviner
Que Dieu se confondait

Avec ce qu'il avait
De plus clair, de meilleur

En lui au fond du cœur.

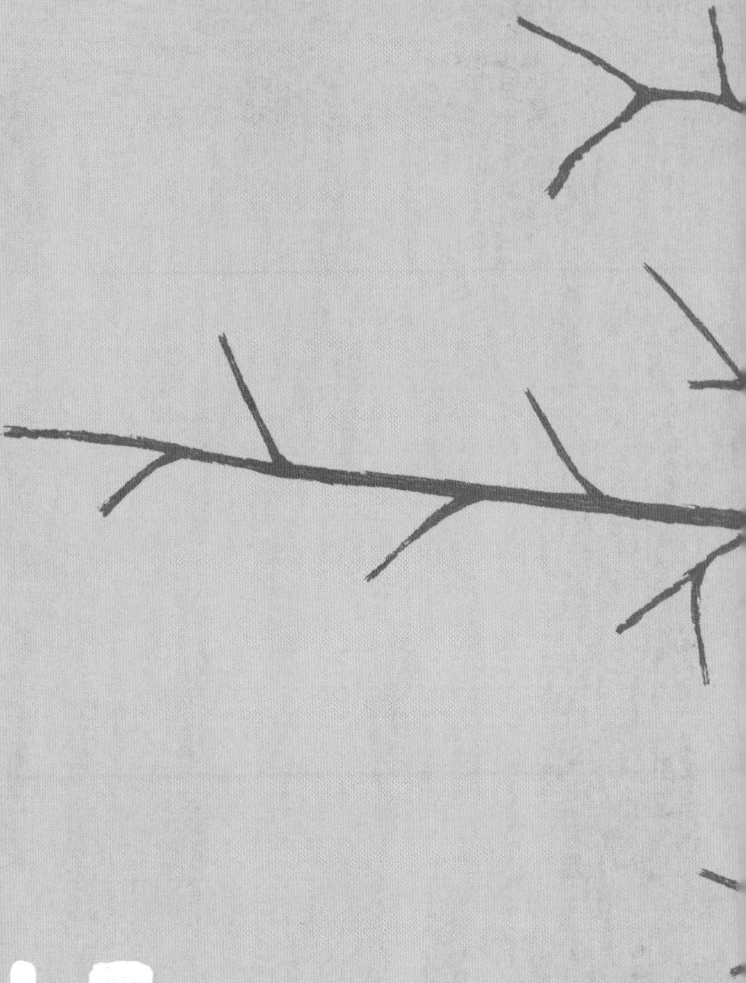

BULLE DE SAVON

Bulle, bulle, jolie bulle
Où j'aperçois mon visage
Plus rond que la pleine lune.
Ah ! méfie-toi des branchages,
Du vent toujours capricieux,
Des oiseaux et des nuages !
Monte tant que tu le peux,
Monte, monte jusqu'au ciel
Et donne-moi des nouvelles
Toutes fraîches du bon Dieu.

Il neige sur la mer

Il neige sur la mer,
Il neige des étoiles,
Il neige autour des voiles
Et sur le quai désert.

Il neige depuis l'aube
Sur le sable doré,
Il neige sur la robe
Des dunes étonnées.

Il neige, et l'univers
Semble coupé en deux
Tout juste en son milieu.
D'un côté, c'est la mer

À la fois bleue et verte
Et de l'autre, la terre,
La terre large offerte
Aux bras blancs de l'hiver.

Il neige sur la mer
Qui s'en moque, éperdue.
Elle rit, toute nue,
Le long du quai désert.

Et l'on dirait vraiment
Que ses vagues endorment
La terre étendue, morne,
Dans son grand berceau blanc.

Le plus joli à voir

Le ciel aujourd'hui est tout bleu ;
Le nuage, aussi blanc qu'il peut.
Les feuilles du jardin sont vertes ;
Les roses rouges, bien ouvertes.
Un citron me sourit, tout jaune.
La prune est mauve dans ma paume.
Le corbeau sur l'arbre est tout noir.
Mais c'est moi – blanc au dehors,
Rouge en dedans, noir dans les yeux
Et d'or vivant dans les cheveux –
Qui suis le plus joli à voir.

LE PETIT CHAT NOIR

Mon petit chat est noir,
Noir comme du charbon.
On le croit sale, eh non !
Il est né noir, tout noir
De la queue au menton.

Mais eût-il la noirceur
D'un méchant diablotin,
Rien ne vaut sa douceur
Quand il miaule, au matin,
Pour me lécher la main.

J'AIME

J'aime mes yeux, j'aime ma voix,
J'aime être gai, j'aime être moi,

Moi, bien blotti au cœur du monde
Comme un nid de merle dans l'ombre.

J'aime l'odeur chaude du pain,
L'eau fraîche coulant sur mes mains ;

J'aime le bleu, j'aime le vert,
Eh oui ! j'aime tout l'univers !

Et les hommes, oui, tous les hommes
Qui y roulent comme des pommes :

Les unes mûres, d'autres sures,
Mais toutes ayant pris figure,

Toutes à l'image de Dieu,
Blanche, noire, jaune ou de feu,

Toutes faites pour être aimées
Sous la pluie tiède des années,

Et qui, ce matin, comme moi,
Rient de s'entendre dans ma voix.

L'affamé

Par quelle inadvertance
Avala-t-il son doigt
Et, comble d'innocence,
Sa main et puis son bras ?

Puis ce furent ses pieds
Jusqu'au dernier orteil
Et puis ses deux oreilles
Et puis son corps entier.

Fallait-il qu'il eût faim
Pour se manger ainsi
De si bon appétit
Sans moutarde et sans pain !

L'OISEAU ET MOI

Oui, c'est avec
Le bout de ses ailes trempées
De rosée
Qu'un oiseau envoie les baisers
Qui tremblent dans son bec.

Et moi, c'est en nouant
Mes bras rieurs
Au cou de ma maman,
Que je lui donne les baisers
De l'oiseau léger
Qui chante dans mon cœur.

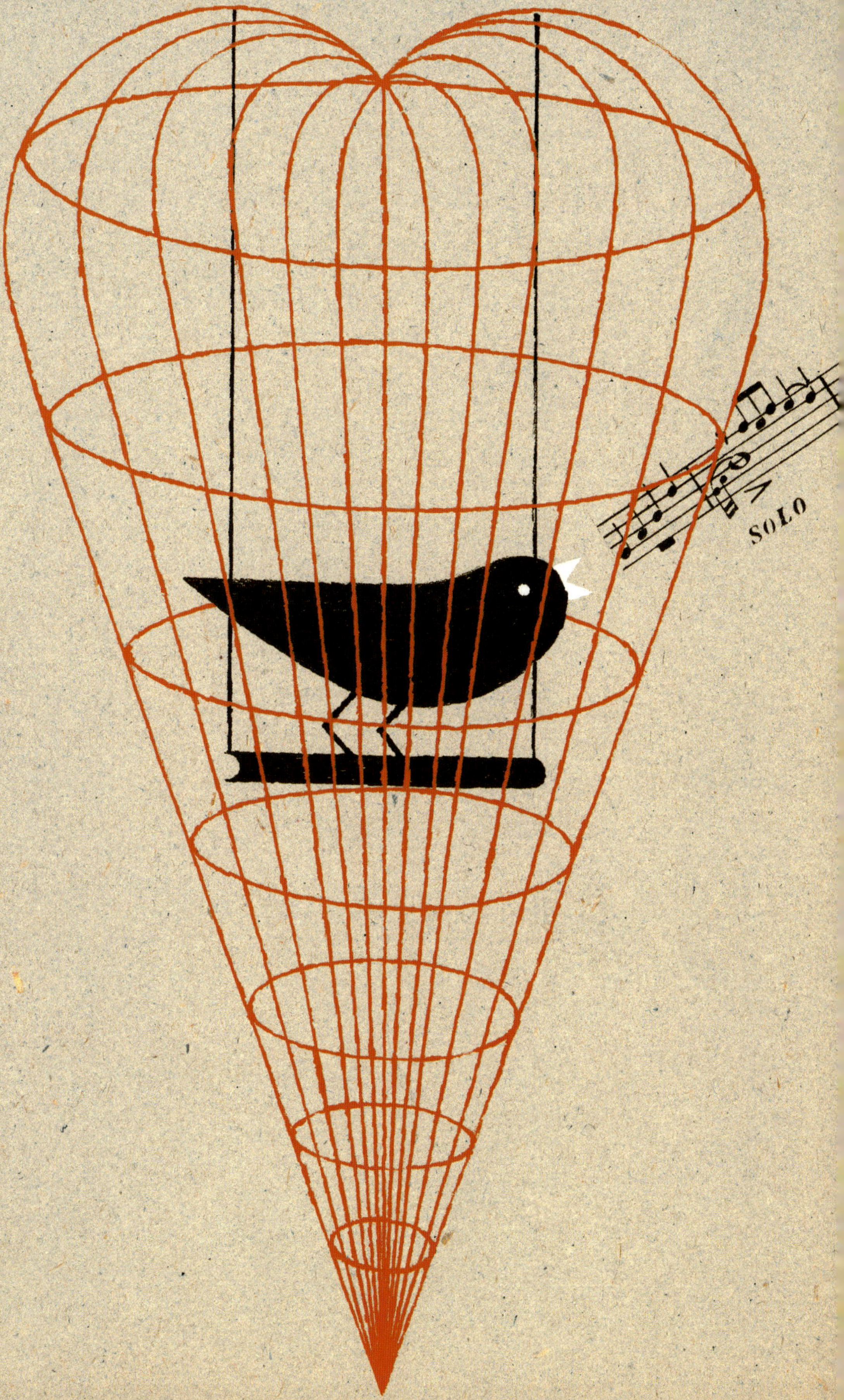
SOLO

MIGNONNE SOURIS BLANCHE

Mignonne souris blanche
Comme un flocon de neige
Tombé un beau dimanche
D'une branche légère,
Joli flocon d'argent
Au museau si malin,
Pourquoi as-tu si peur
Que je sens, dans ma main,
Battre ton petit cœur ?

Le temps des vacances

C'est le temps béni des vacances.
Le vent fait des nœuds d'hirondelles.
Le jour est rond comme une amande.
Tout le village sent le miel.
Le soleil a pendu sa lampe
Juste au-dessus des vaches blanches
Étonnées de n'avoir plus d'ombre,
Mais les prairies qui, près du bois,
Tremblent doucement sous leur poids
N'ont jamais été si profondes.

BONTE

Il faut plus d'une pomme
Pour emplir un panier.
Il faut plus d'un pommier
Pour que chante un verger.
Mais il ne faut qu'un homme
Pour qu'un peu de bonté
Luise comme une pomme
Que l'on va partager.

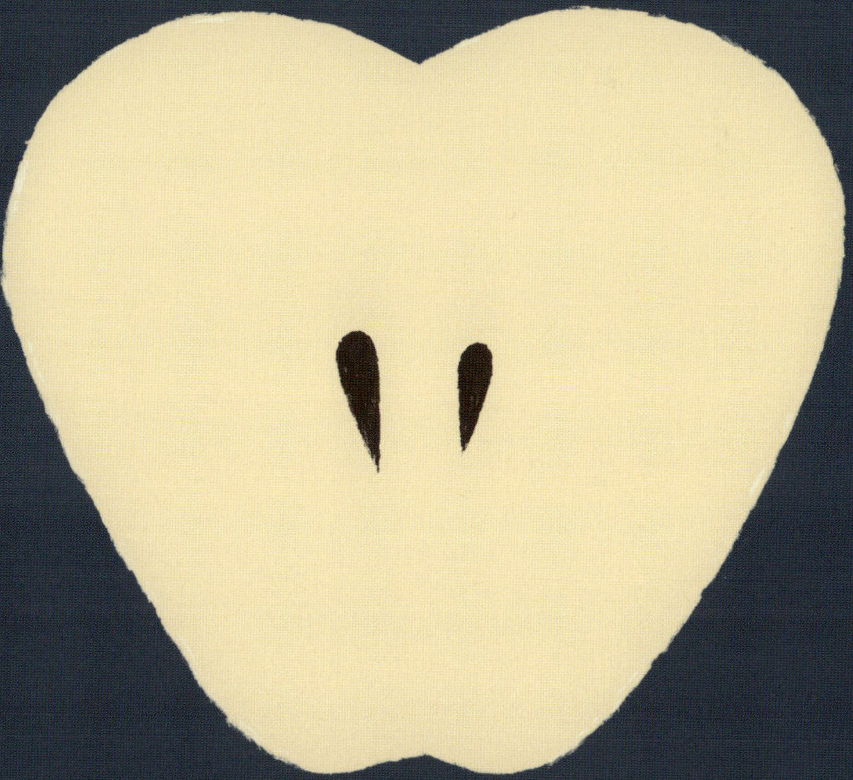

Little Enid

LE dAuphiN

Un dauphin sortit de la mer
Et se mit à nager dans l'air.

Nul ne le vit. Il était blanc,
D'un blanc d'argent tout transparent.

On était alors en novembre.
Depuis, sur le mur de ma chambre,

Je vois parfois nager une ombre
Et il me semble, un long moment,

Que je deviens tout transparent.

la grenouille bleue

J'écris n'importe quoi.
Mettons : *grenouille bleue*.
Aussitôt la voilà
Qui glisse entre mes doigts
Et bondit sous mes yeux.

Bon ! que va-t-elle faire ?
Elle saisit ma plume
Et, en quelques traits clairs,
Dessine une rivière
Et, au milieu, la lune.

Puis, me tournant le dos,
Elle me crie : « Bonsoir,
Je reviendrai vous voir ! »
Et, narquoise, d'un saut,
Se perd au fond de l'eau.

LEs MouChEs

Les mouches m'aiment bien.
Allez savoir pourquoi !
Elles tournent sans fin,
Sans fin autour de moi.

Sitôt que je m'assois,
Elles courent sur moi.
Les mouches m'aiment bien.
Allez savoir pourquoi !

Au fond, ne suis-je pas
Quelque peu leur cousin ?
Je bourdonne si bien
Quand il s'agit de moi.
Allez savoir pourquoi !

TUER

Il s'est arrêté
Tout près du ruisseau
Et il a tué
Un mulot.

Il s'est arrêté
Au milieu des prés
Et il a tué
Un ramier.

Il s'est arrêté
Parmi les genêts
Et il a tué
Un orvet.

Il s'est arrêté
À l'orée des champs
Et il a tué
Un faisan.

Il s'est arrêté
À l'entrée du bois
Et il a tué
Un chamois.

Pourquoi voulez-vous
Qu'il s'arrête un jour
Et qu'il ne tue pas
Son amour ?

ALPHABET

A c'est l'âne agaçant l'agnelle,
B c'est le boulevard sans bout,
C la compote sans cannelle,
D le diable qui dort debout.

E c'est l'école, les élèves,
F le furet féru de grec,
G la grive grisant la grève,
H c'est la hache et l'homme avec.

I c'est l'ibis berçant son île,
J le jardin sans jardinier,
K le képi du chef kabyle,
L le lièvre fou à lier.

M c'est le manteau bleu des mages,
N la neige bordant le nid,
O l'oranger pris dans l'orage,
P le pain léger de Paris.

Q c'est la quille sur le quai,
R la rapière d'or du roi,
S le serpent qui s'est masqué,
T la tour au-dessus des toits.

U c'est l'usine qui s'allume,
V le vol du vent dans la voile,
W le wattman de lune,
X le xylophone aux étoiles.

Y c'est les yeux doux du yack
Oublié dans le zodiaque,
Z le zigzag brusque du zèbre
Qui s'enfuit dans les ténèbres,

Malheureux parce qu'il est
Le dernier de l'alphabet.

A
B
C
D
e
F
H
J
K
L
M
N
O
P
Q
R
T
U
V
W
X
Y
Z

Le ragara *Pachicepalinaé Okapia Rana*

Burky Mc Martin. Lit. Filadelfia.

Le Ragara

Existe-t-il, le ragara,
Sur les bords du Niagara
Ou court-il dans les bois, là-bas,
Sur les flancs de l'Himalaya ?
Il existe bien un lama,
Un ara parlant, un cobra,
Un chinchilla, un alpaca.
Pourquoi mon animal à moi,
Plus doux que le chat angora,
Pourquoi, mais oui, pourquoi
N'existerait-il pas ?…

D'OÙ VENONS-NOUS

– D'où venons-nous ?
– Du fond des temps.
– Que sommes-nous ?
– De pauvres gens.
– Où allons-nous ?
– Où va le vent.

Le Hérisson

Bien que je sois très pacifique,
Ce que je pique et pique et pique,
Se lamentait le hérisson.
Je n'ai pas un seul compagnon.
Je suis pareil à un buisson,
Un tout petit buisson d'épines
Qui marcherait sur des chaussons.
J'envie la taupe, ma cousine,
Douce comme un gant de velours
Émergeant soudain des labours.
Il faut toujours que tu te plaignes,
Me reproche la musaraigne.
Certes, je sais me mettre en boule
Ainsi qu'une grosse châtaigne,
Mais c'est surtout lorsque je roule
Plein de piquants, sous un buisson,
Que je pique et pique et repique,
Moi qui suis si, si pacifique,
Se lamentait le hérisson.

L'Homme et l'Enfant

Ce n'est qu'un homme et un petit enfant
Dans une allée d'automne,
Un homme et un enfant s'en allant, souriant,
Sous une pluie de feuilles jaunes.

Ils ne se disent rien. L'enfant regarde
L'homme qui lui sourit.
Et ils s'en vont, main dans la main, sous les grands arbres
Vers un toit qui reluit.

Sur les arbres montrant obstinément leurs nids,
Le ciel se dore comme un fruit.
Ce n'est qu'un homme et un petit enfant,

Et l'on dirait que, tout joyeux, l'automne
Marche devant eux en semant
Du soleil et des feuilles jaunes.

Il s'en allait tranquille...

« Tiens, où est mon ombre ? dit-il.
Je ne la vois plus sur le mur. »
Néanmoins, il s'en fut tranquille.

« Tiens, où donc est passé le mur ? »
S'exclama-t-il le lendemain.
Il continua néanmoins,
Toujours tranquille, son chemin.

Mais le lendemain, plus d'ombre,
Plus de mur et plus de chemin.
Je ne vois même plus un chien,
Pensa-t-il. Bah ! marchons toujours !

Il était mort depuis trois jours.
Mais, tranquille… il n'en savait rien.

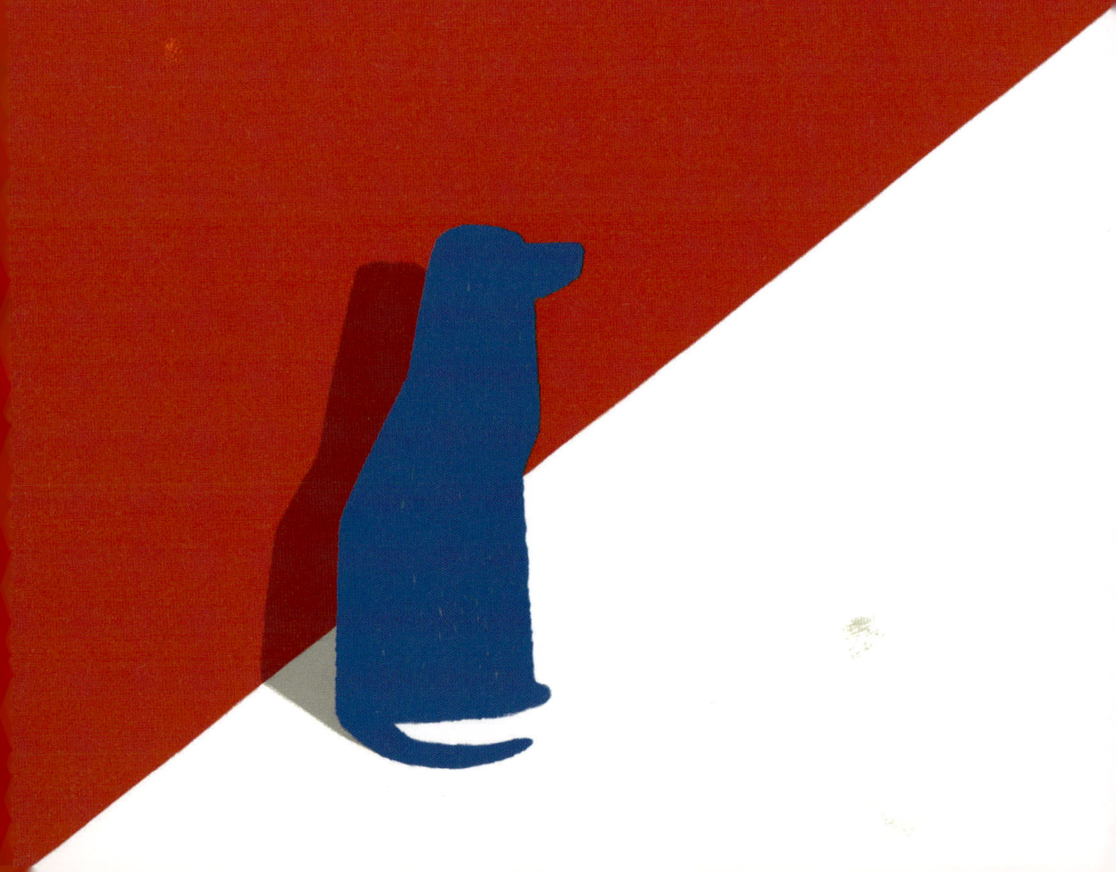

Automne en ville

Les quelques arbres de la ville,
Avec un ensemble émouvant,
Font pleuvoir leurs feuilles tranquilles
    Sur les enfants.

Et l'on dirait que dans les rues
Et dans les cours où l'ombre dort,
    Une main inconnue
Fait doucement pleuvoir de l'or.

Les tramways vont, les autos filent,
Les gens se pressent sans rien voir.
Un avion fait sur la ville
Une ombre de grand oiseau noir.

Un large soleil de nickel
Brille, glacé, aux devantures.
Plus un ange ne s'aventure
Sur les hauts trapèzes du ciel.

Et polie ainsi qu'un ivoire
Derrière un petit rideau blanc,
Une vieille sourit de voir
S'affairer sans fin les passants.

ARIST
NET

Il y a l'arbre à lait,
L'arbre à sel, l'arbre à pain.
Il y a l'arbre saint
Et l'arbre à chapelet.

Et puis l'arbre à cannelle,
À grives, à papier ;
L'odorant muscadier
Qui est l'arbre à chandelles.

Le figuier des pagodes
Qui se lave au soleil,
L'arbre des antipodes
Qui a toujours sommeil.

Il y a l'arbre à beurre,
L'arbre à chou, l'arbre aux fables,
Le sablier du diable,
L'arbre du Dieu sauveur.

Mais chez nous, au matin,
Rit un arbre qui compte
Sur ses doigts les colombes
Neigeant sur le jardin.

LE Brouillard

Le brouillard a tout mis
Dans son sac de coton ;
Le brouillard a tout pris
Autour de ma maison.

Plus de fleurs au jardin,
Plus d'arbres dans l'allée ;
La serre du voisin
Semble s'être envolée.

Et je ne sais vraiment
Où peut s'être posé
Le moineau que j'entends
Si tristement crier.

COMME IL FAIT BLANC

Comme il fait beau, comme il fait blanc !
        Il a neigé.
Sur les jardins et sur les bancs,
Il y a des milliers de moutons.
        Ils ont brouté
        Tout l'horizon.
Le ciel est tombé sur les champs.
Comme il fait blanc, comme il fait beau !
Mais où vont venir se poser
Les oiseaux qui tournent là-haut ?
On ne distingue même plus
Un fossé d'un arbre abattu.

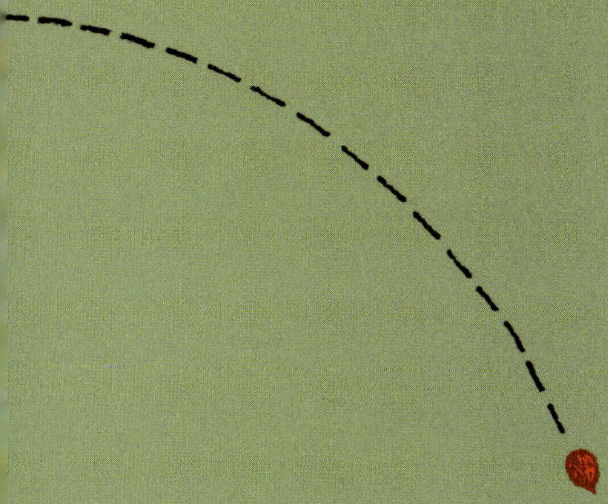

Le jardinier

Le jardinier a déposé sa bêche,
Il a frotté ses mains pleines de terre,
Puis est passé près des roses trémières
Pour se cueillir une pesante pêche.

Il a mordu dedans à pleines dents,
Et le jus a coulé dans la lumière
Sur son menton encore tout mouillé
De sueur chaude mêlée de poussière.

Il a levé son front clair vers le ciel
Tout bleu sur le toit rouge des maisons
Et il a vu la dernière hirondelle
Faire des nœuds autour de son pignon.

Longtemps, il a regardé l'horizon ;
Il a jeté le noyau de la pêche,
S'est essuyé de la main le menton,
Puis, souriant, il a repris sa bêche.

La Lavandière

Elle ouvrit la fenêtre
Pour suspendre ses draps
Et tendit les deux bras.

Midi venait de naître.
La mer parlait tout bas
Avec le ciel de mai.

La mer crut que c'était
Pour elle que la femme
Tendait ainsi les bras,

Et ses vagues fleurirent
Si vite que de loin
Tous les passants les virent.

La femme ne vit rien.
Elle tendait les bras
Et suspendait ses draps

Se demandant pourquoi,
Maintenant sur le quai,
Tous ceux qui étaient là,

Surpris, la regardaient.

HAHA
HAHAH
HAHAH
HAHAHA
HAHAH

RIRE

Rien à dire ?
Si pardi !

Qu'il faut rire,
Rire ici,
Rire au chien,
Au hibou,
Rire à rien,
Rire à tout,
Aux nuages,
Aux vieux houx,
Rire en sage,
Rire en fou.

Rire à faire
Une terre
De lumière.

Rire aux cieux,
Qu'ils soient bleus
Ou ternis
Par la pluie.

Rire enfin
Quand la fin
N'est pas loin.

Rire encor
Quand la mort
Prend son cor
Et nous suit.

Rire à Dieu
Qui fait, lui,
Ce qu'il veut.

LES PARAPLUIES

Mon ami prétend que, la nuit,
Il voit partir les parapluies
À l'infini sous le ciel gris.

Mon ami ne sait quand ils rentrent.
Il n'a jamais pu les surprendre
Et, chaque jour, il se demande

Comment ils franchissent les murs
En sautant sur leur manche dur,
Par-dessus la haie des clôtures,

Sans guère faire plus de bruit
Que n'en ferait une souris
Qui trottine sur un tapis.

Les oiseaux perdus

Le matin compte ses oiseaux
Et ne retrouve pas son compte.

Il manque aujourd'hui trois moineaux,
Un pinson et quatre colombes.

Ils ont volé si haut, la nuit,
Volé si haut, les étourdis,

Qu'à l'aube, ils n'ont plus trouvé trace
De notre terre dans l'espace.

Pourvu qu'une étoile filante
Les prenne sur sa queue brillante

Et les ramène ! Il fait si doux
Quand les oiseaux chantent pour nous.

DESTINATION:
Terre

LA BISE

« Ce sont des feuilles mortes »,
Disaient les feuilles mortes
Voyant des papillons
S'envoler d'un buisson.

« Ce sont des papillons »,
Disaient les papillons
Voyant des feuilles mortes
Errer de porte en porte.

Mais la bise riait
Qui déjà les chassait
Ensemble vers la mer.

Ce qui est doux

Je ne dis que ce qui est doux,
Je ne dis que ce qui est bon.

Dieu ne me fit pas d'autre don
Que celui d'un simple binioù.

Et j'ai dit la pomme au verger,
Les moutons fêtant leur berger,

Le pain aussi blanc que la nappe
Pour les grands dimanches d'agapes.

Et j'ai dit Dieu, oui, Dieu lui-même,
Car j'ai joué pour lui aussi

De petits airs, des airs qu'il aime
Lui, Dieu, parce qu'ils sont petits

Et qu'ils chantent ce qui est bon,
Et qu'ils chantent ce qui est doux,

Et que j'ai toujours obéi
Comme un enfant quand il m'a dit :

« Pose tes doigts, là sur les trous ;
Tu joueras de ton mieux pour tous. »

ON DIT TOUJOURS

On dit toujours : Qui sait ! Qui sait ?
Mais en sait-on jamais assez ?

On dit toujours : C'est bien ! C'est bien ?
On n'est jamais content de rien.

On dit toujours : Pour qui ! Pour qui ?
Et cependant on obéit.

On dit toujours : Enfin ! Enfin ?
Mais on a soif et on a faim.

On dit toujours : Du cœur ! Du cœur ?
On doit bien avouer qu'on a peur.

On dit toujours : Pourquoi ! Pourquoi ?
Comme si Dieu n'était pas là.

On dit toujours : Passons ! Passons ?
On ne fait que tourner en rond.

On dit toujours : Du cran ! Du cran ?
Et l'on s'en va, les pieds devant.

QUI SAIT ?
ENFIN ?
C'EST BIEN ?
POURQUOI
DU CŒUR ?
POUR QUI ?
PASSONS
DU CRAN ?
?

L'appel

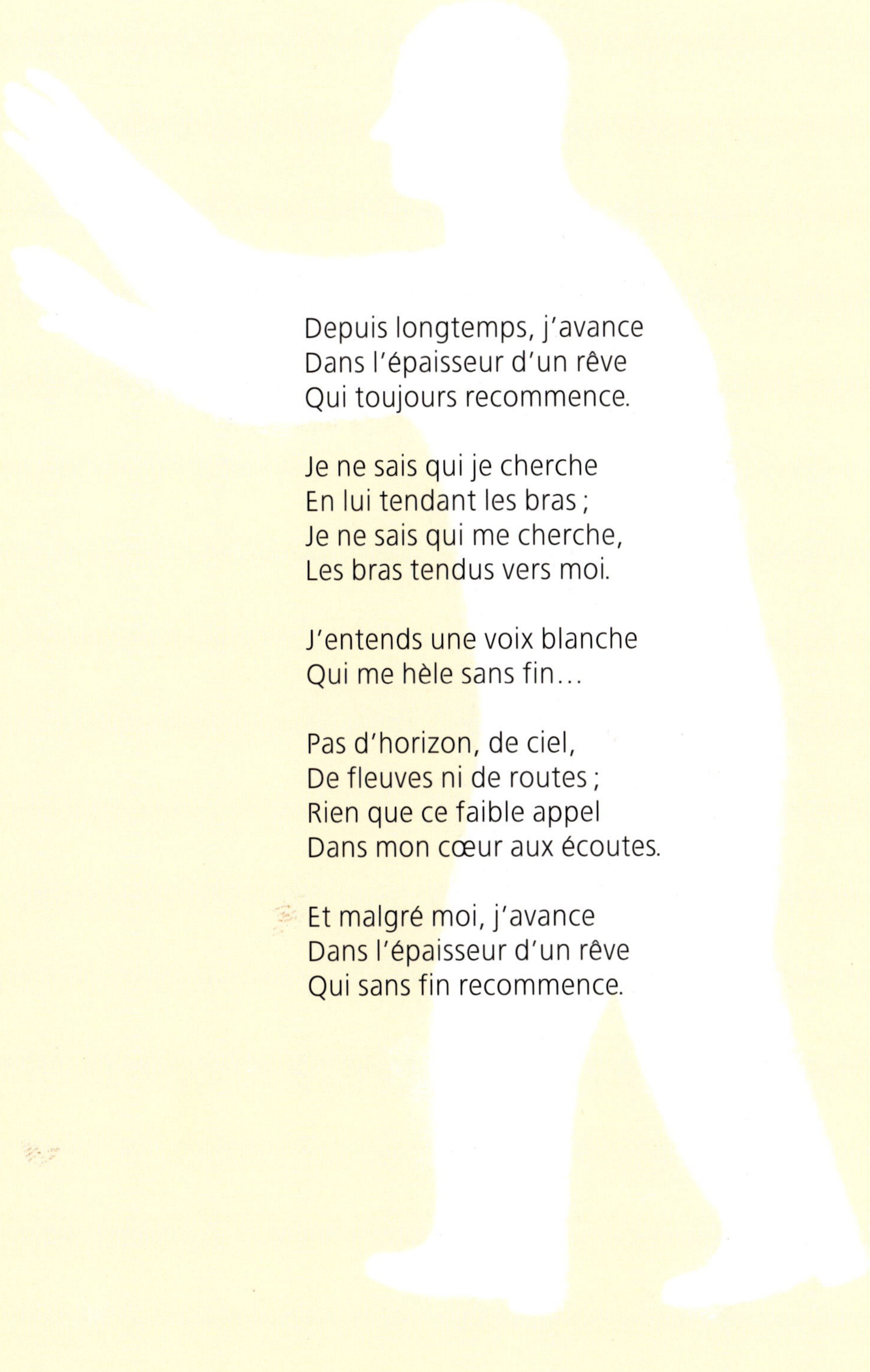

Depuis longtemps, j'avance
Dans l'épaisseur d'un rêve
Qui toujours recommence.

Je ne sais qui je cherche
En lui tendant les bras ;
Je ne sais qui me cherche,
Les bras tendus vers moi.

J'entends une voix blanche
Qui me hèle sans fin…

Pas d'horizon, de ciel,
De fleuves ni de routes ;
Rien que ce faible appel
Dans mon cœur aux écoutes.

Et malgré moi, j'avance
Dans l'épaisseur d'un rêve
Qui sans fin recommence.

iL a NEiGÉ

Il a neigé dans l'aube rose,
Si doucement neigé
Que le chaton noir croit rêver.
C'est à peine s'il ose
Marcher.

Il a neigé dans l'aube rose,
Si doucement neigé,
Que les choses
Semblent avoir changé.

Et le chaton noir n'ose
S'aventurer dans le verger,
Se sentant soudain étranger
À cette blancheur où se posent,
Comme pour le narguer,
Des moineaux effrontés.

L'ÂME

Il lava longuement son âme
Qu'il rinça, blanchit avec soin,
Puis il la tendit au jardin
Sur un fil entre deux platanes.

Et il s'assit en souriant
Pour regarder se balancer,
Comme un linge neuf dans le vent,
Son âme encor mal essorée.

Et, tout à coup, il aperçut
Comme une marque dans un coin
Et il la rinça avec soin.

Mais l'âme à peine rependue,
La tache aussitôt reparut.
Rouge comme l'est une fleur,

Elle avait la forme d'un cœur.

L'étourdie

Dimanche, j'ai perdu mon chien.
Mercredi, j'ai perdu mon dé.
Jeudi, mon cahier de dessin.
Vendredi, j'ai perdu mes clés.
« Que va-t-elle perdre demain ? »
Pense ma mère, épouvantée.

Hélas ! c'est vrai, j'ai un peu peur
Pour mon nouveau mouchoir à fleurs ;
Je suis tellement étourdie !
Que vais-je oublier samedi ?…
J'aurais déjà perdu mon nez
S'il n'était si bien attaché.

HOMONYME

Il y a le vert du cerfeuil
Et il y a le ver de terre.
Il y a l'endroit et l'envers,
L'amoureux qui écrit en vers,
Le verre d'eau plein de lumière,
La fine pantoufle de vair
Et il y a moi, tête en l'air,
Qui dis toujours tout de travers.

HAUT
BAS

Pour ma mère

Il y a plus de fleurs
Pour ma mère, en mon cœur,
Que dans tous les vergers ;

Plus de merles rieurs
Pour ma mère, en mon cœur,
Que dans le monde entier.

Et bien plus de baisers
Pour ma mère, en mon cœur,
Qu'on en pourrait donner.

LA VIE

Comme il passait sur le sentier,
Il vit la vie dans un pommier,

La vie qui récoltait les pommes
Tout comme l'aurait fait un homme.

Elle riait, riait si haut
Qu'autour d'elle, tous les oiseaux

Chantaient, chantaient si éperdus
Que nul ne s'y entendait plus.

La mort, assise au pied de l'arbre,
Aussi blanche et froide qu'un marbre,

Tenait à deux mains le panier
Où les pommes venaient tomber.

Et les pommes étaient si belles,
Si pleines de jus, si réelles

Que la mort, lâchant le panier,
S'en fut sur la pointe des pieds.

L'ARTISTE

Il voulut peindre une rivière ;
Elle coula hors du tableau.

Il peignit une pie-grièche ;
Elle s'envola aussitôt.

Il dessina une dorade ;
D'un bond, elle brisa le cadre.

Il peignit ensuite une étoile ;
Elle mit le feu à la toile.

Alors, il peignit une porte
Au milieu même du tableau.

Elle s'ouvrit sur d'autres portes,
Et il entra dans le château.

J'AI TANT DE CHOSES

À TE DIRE

J'ai tant de choses à te dire
Que je n'aurai jamais fini
De te parler, de te sourire
Pour essayer d'être compris.

Mais elles s'embuent de mystère
Comme ta voix et ton sourire,
Comme tes mains dans la lumière,
Les choses que je veux te dire.

Hélas ! J'ai beau faire, beau dire,
Il ne me reste qu'à me taire
Et à laisser parler mon cœur

Avec cette voix familière
Qu'il a pour parler du bonheur
Dès que je cherche à te les dire.

La Vache

Je regarde la vache,
La vache me regarde.
Elle mâche, elle mâche,
Pansue et goguenarde.

Lentement, elle arrache
Des feuilles de moutarde,
Puis elle me regarde,
Goguenarde, la vache.

Faut-il que je me fâche ?
Non, non, je la regarde
Et, comme par mégarde,
Lui montre son attache.

Comprend-elle, la vache ?
Hé ! toujours goguenarde,
Doucement, elle arrache
Sans que j'y prenne garde,
Mon lacet… et le crache.

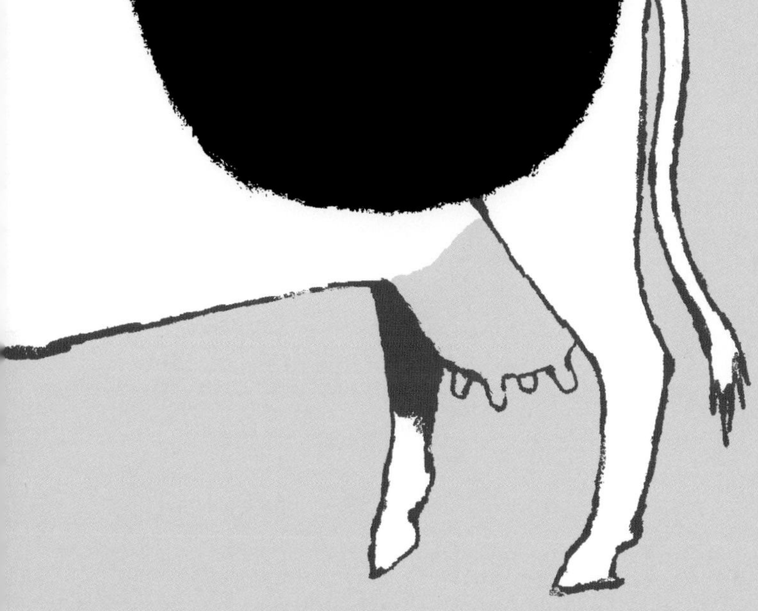

La pomme rouge

Assis contre un gros tas de bois,
Je savoure une pomme rouge ;
Tout autour de moi, je ne vois
Que de menues fourmis qui bougent.

Le bonheur, serait-ce cela ?
Calmement, j'écoute mon cœur
Battre, encor plus léger que moi,
Au milieu des menthes en fleur.

Je regarde le ciel ranger,
À coups de brise, ses nuées.
Le soleil cire ses souliers.

Moi, je mange ma pomme rouge,
Bougeant comme le monde bouge,
Ingénument, sans y penser.

L'ombre d'un arbre

Ce n'était que l'ombre d'un arbre
Entrant à midi dans la chambre,
L'ombre candide d'un érable,
     Une ombre d'or et d'ambre.

     Pourquoi eut-il si peur
Quand elle vint heurter la table ?
D'où provenait cette lueur ?
Tout paraissait inexplicable.

Un matin, il abattit l'arbre.
     Il se crut délivré.
À midi, l'ombre de l'érable
Rampa lentement vers ses pieds.

Lorsqu'il tenta de se lever
Pour fuir dans la chambre voisine,
Il resta stupéfait : ses pieds
     Avaient pris racine.

MON AMI
LE Soleil

Inutile de te cacher,
Soleil ! J'ai entendu ton rire
Bondir et rebondir
Tout ce jeudi d'été
Derrière les nuées.

Sur la vitre mouillée du ciel,
Ne t'ai-je pas surpris, farceur,
À dessiner un arc-en-ciel
Avec mes crayons de couleur ?

Mais voici que tombe le soir
Et doucement, tu t'aplatis
Sous les rideaux, comme un ami,
Pour venir me dire bonsoir.

Soir d'été

Si vous tendez un peu l'oreille
Quand le soleil
A fait flamboyer le jardin
Et que son dernier rayon dore
Encore
Au seuil du soir,
Votre arrosoir,
Écoutez bien :
Vous entendrez tout doux, tout doux,
Dans tous les coins
Ivres d'odeurs,
Vous entendrez, à petits coups,
Dans tous les coins, boire les fleurs.

SOMMAIRE

INDEX THÉMATIQUE

La nature

Les parents

Portraits d'hommes

Les saisons, les astres

Les sentiments

Vivre, la vie

Les poèmes de Maurice Carême sont extraits des recueils suivants :

Femme
(1946)
J'ai tant de choses
à te dire…

La lanterne magique
(1947)
Bonté
Le brouillard
Il a neigé
Les oiseaux perdus
Pour ma mère

Petites légendes
(1949)
La bise

L'eau passe
(1952)
L'appel

Pigeon vole (1958)
Le bonheur
Devinettes populaires
La fenêtre
La gazelle
Soirs d'été

La cage aux grillons
(1959)
Les deux scarabées
Jamais tranquille
Mignonne souris blanche
Mon ami le soleil
Ne criez pas si fort
L'oiseau et moi
Pour mon papa

L'oiseleur
(1959)
Rien que ce mur

La grange bleue
(1961)
Le Ragara

Pomme de reinette
(1962)
Arbres
L'étourdie
La grenouille bleue
Le hérisson

Le mât de cocagne
(1963)
Comme il fait blanc
Homonymes
Le petit chat noir

En sourdine
(1964)
Ce qui est doux
La pomme rouge

Fleurs de soleil
(1965)
Les parapluies
La vache

Brabant
(1967)
Automne en ville
Le jardinier

À cloche-pied
(1968)
Alphabet
D'où venons-nous ?
Était-ce bien un éléphant
J'aime
Les mouches
Si seul

L'arlequin
(1970)
Le chat et le soleil
Je suis content
Rire

Entre deux mondes
(1970)
L'artiste
Il s'en allait tranquille
L'ombre d'un arbre
La porte en feuilles
mortes
Tuer
La vie

Mer du Nord
(1971)
Le dauphin
Il neige sur la mer
La lavandière

L'envers du miroir
(1973)
L'âme

Le moulin de papier
(1973)
L'affamé
Le plus joli à voir

Complaintes
(1975)
L'homme et l'enfant
On dit toujours

Au clair de la lune
(1977)
Bulle de savon
L'homme et le chien
Le temps des vacances

Défier le destin
(1987)
Ce rien de ciel
Les choses
L'homme
Il chercha Dieu
L'innocent du village
Le mot
Regardez

De plus loin
que la nuit
(1993)
Et cependant
Tu écoutes pleuvoir…